图说养老保险

人社政策图解编写组 编

 中国劳动社会保障出版社

图书在版编目（CIP）数据

图说养老保险 / 人社政策图解编写组编 . -- 北京：中国劳动社会保障出版社，2021

ISBN 978-7-5167-5001-8

Ⅰ. ①图… Ⅱ. ①人… Ⅲ. ①养老保险制度 - 中国 - 图解 Ⅳ. ①F842.612-64

中国版本图书馆 CIP 数据核字（2021）第 157041 号

中国劳动社会保障出版社出版发行

（北京市惠新东街 1 号　邮政编码：100029）

*

北京市艺辉印刷有限公司印刷装订　　新华书店经销
880 毫米 ×1230 毫米　32 开本　3.875 印张　48 千字
2021 年 9 月第 1 版　　2021 年 9 月第 1 次印刷
定价：**16.00 元**

读者服务部电话：（010）64929211/84209101/64921644
营销中心电话：（010）64962347
出版社网址：http://www.class.com.cn

版权专有　　侵权必究

如有印装差错，请与本社联系调换：（010）81211666
我社将与版权执法机关配合，大力打击盗印、销售和使用盗版图书活动，敬请广大读者协助举报，经查实将给予举报者奖励。
举报电话：（010）64954652

目 录

第 1 期　办理退休的条件是什么？这期给您说个明白！　/ 1

第 2 期　退休怎么办理？要交什么材料？这期给您讲清楚！　/ 4

第 3 期　身份证和档案年龄不一致，到底该按哪个年龄办退休？这期给您讲清楚！　/ 6

第 4 期　社保养老 PK 储蓄理财养老，谁更划算？　/ 9

第 5 期　个人身份能参加职工养老保险吗？小伙伴，这份须知请收好！　/ 17

第 6 期　灵活就业人员参保攻略来啦！快收好！　/ 23

第 7 期　社保缴费基数怎么定？这期给您说清楚！　/ 27

第 8 期　养老保险单位缴费比例下调那些事，您得知道！　/ 32

第 9 期	单位不给我缴养老保险费怎么办？我失业啦，今后养老保险怎么办？我来给您支个招！／35
第 10 期	养老金待遇资格认证更方便啦，您知道吗？ ／38
第 11 期	骗保后果很严重！ ／46
第 12 期	五种方式方便您查询社会保险缴费情况！／51
第 13 期	您会算退休之后拿多少养老金吗？这期教给您！（一）／56
第 14 期	您会算退休之后拿多少养老金吗？这期教给您！（二）／63
第 15 期	您会算退休之后拿多少养老金吗？这期教给您！（三）／69
第 16 期	企业职工养老保险中断了咋办？ ／76
第 17 期	一次说清城乡居民养老保险怎么转移！／80

目 录

| 第 18 期 | 企业职工养老保险关系跨省转移接续怎么弄？社保机构帮您办！　/ 85 |

| 第 19 期 | 曾在不同省份工作过，将来在哪儿领取养老金？下面给大家说清楚！　/ 89 |

| 第 20 期 | 人生自古谁不老，居保助您来养老（一）！　/ 96 |

| 第 21 期 | 人生自古谁不老，居保助您来养老（二）！　/ 100 |

| 第 22 期 | 人生自古谁不老，居保助您来养老（三）！　/ 105 |

| 第 23 期 | 快来看！多地调整城乡居民养老保险缴费档次，多缴多得，长缴多得！　/ 110 |

第 1 期

办理退休的条件是什么？
这期给您说个明白！

15 年

是指您按照规定参加职保并缴费

累计缴费时间 ≥ 15 年

$$\left(\begin{array}{c} \text{实际累计缴费时间} \\ + \\ \text{视同累计缴费时间} \end{array} \geq 180\ 月 \right)$$

实际累计缴费时间

是指从您参加职工养老保险缴费开始计算。

视同累计缴费时间

　　是指个人实际缴费以前符合国家规定计算连续工龄的工作时间。

　　因每个人的工作经历不同,需要您到参保地社保局通过个人档案确定。

温馨提醒

15 年是最低标准。
根据社会保险长缴多得原则,
缴费时间越长,您的退休金越高!

第 1 期　办理退休的条件是什么？这期给您说个明白！

达到法定退休年龄是指
随用人单位参保的职工

男
满 60 周岁

女
工人满 50 周岁
干部满 55 周岁

特殊工种的职工

男　满 55 周岁　　女　满 45 周岁

因病完全丧失劳动能力的职工

男　满 50 周岁　　女　满 45 周岁

灵活就业人员

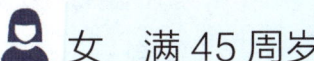

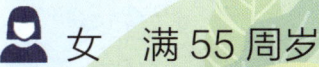

男　满 60 周岁　　女　满 55 周岁

如果养老保险累计缴费时间和年龄两条都满足了，那么恭喜您，您可以申办退休手续啦！

第 2 期

退休怎么办理？要交什么材料？
这期给您讲清楚！

如果您随单位参保：
您的退休手续将由单位统一办理。

如果您以个人身份参保：
请您亲自填写"×××参加企业职工基本养老保险人员退休申报表"，准备有关申请材料，并递交到社保服务窗口办理退休。

经窗口初审，材料齐全，经审批同意后，由社保工作人员核算月基本养老金金额。
经本人确认后，通过个人银行账户发放。

第 2 期　退休怎么办理？要交什么材料？这期给您讲清楚！

办理退休需要的资料有

"×××参加企业职工基本养老保险人员退休申报表"

职工档案

居民身份证原件及复印件

享受特殊待遇的，需按照有关要求提供相关证明资料

个人身份参保人员需要提供户口簿

第 3 期

身份证和档案年龄不一致，到底该按哪个年龄办退休？这期给您讲清楚！

第 3 期　身份证和档案年龄不一致，到底该按哪个年龄办退休？这期给您讲清楚！

身份证	档案
出生日期	出生日期
1964 年	1970 年

您看，您身份证年龄和档案上的**年龄不一致**。

当年在纺织系统里招工的是有年龄限制的，为了满足招工条件，我把年龄改小了 6 岁。

图说养老保险

大妈,您想早点退休领取养老金,以实际年龄为准办理退休,这是不行的呦!

因为对于身份证和档案年龄不一致的情况,根据《劳动和社会保障部关于制止和纠正违反国家规定办理企业职工提前退休有关问题的通知》(劳社部发〔1999〕8号)文件明确规定——

对职工出生时间的认定,采取身份证和档案相结合的办法,身份证和档案不一致的,以档案中最先记载的出生时间为准。

好嘞,大妈我回去再等6年!

第 4 期

社保养老 PK 储蓄理财养老，谁更划算？

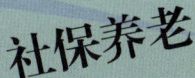

社保养老

张大姐，您听我给您算一算，您就明白了。

VS

储蓄理财养老

听我邻居说，缴养老保险还不如把钱存银行做理财呢，真的假的呀？

到底哪个更划算？

职工养老保险是国家建立的基本养老保障制度，由**单位和个人按月共同**缴费。

职工自己缴的钱，进入您的个人账户。

连本带利累积到退休，都是你的，也是您养老金的一部分。

当您达到法定退休年龄，且累计缴费年限满 15 年以上的，您就按月领取基本养老金。

图说养老保险

第一局
谁能紧跟平均工资水平涨幅?

养老金水平高低与退休上年度社会平均工资有直接关系,这表明养老金的计发充分考虑到了社会平均工资涨幅。也就是说,假如您退休时上年度社会平均工资已上涨到2万元/月,养老金计发也必须以此作为参数来计算。

不论哪种理财方式,最后您的收益都是由本金按一定收益率积累一定年限后产生的,收益率由约定或理财运营情况决定。**目前,还没有哪种储蓄或理财能承诺给您与10年、20年后的社会平均收入水平上涨幅度基本一致的收益率。**

第 4 期 社保养老 PK 储蓄理财养老，谁更划算？

贴心话

20 年前父母每月工资仅有几百元，每月缴养老保险几十块，可如今老人们的养老金每月能有 4 位数；

20 年后您退休时，社会平均工资涨到每月 5 位数有没有可能？

当时的父母、现在的您，只要做好储蓄或理财，是否就一定能获得足以保证退休后基本收入水平的资金积累？

参加养老保险，享有国家保障，才是最正确的选择。

第二局
谁的利率更高?

养老个人账户记账利率由国家统一公布,2017年国家公布的2016年度记账利率为8.31%。

从近几年公布的利率看,记账利率远超银行存款,也跑赢大多数理财产品。

据2017年中国人民银行公布的基准利率,一年期个人整存整取定期存款利率为2.75%左右,活期存款利率仅为0.35%左右;目前各大银行推出的个人理财产品,稳健型的理财产品,年化收益率在3%~5%之间。

第4期 社保养老PK储蓄理财养老，谁更划算？

贴心话

即使每个月把全部应缴纳养老保险的钱，存入银行或进行理财，当前利率或年化收益率水平也不能够抵御未来多年的通货膨胀啊，参加养老保险，享有国家保障，才是最正确的选择。

第三局
还有没有其他增长机制？

您一定听说过2019年退休人员养老金又涨了~
是的！今年是企业退休人员**连续上涨第15年啦！**

存钱或理财，账户余额当然只能按利率或收益率增长，**几乎不存在其他增长机制。**

第 4 期　社保养老 PK 储蓄理财养老，谁更划算？

 **第四局**
个人缴 / 存的钱用完会怎样？

当一个长寿老人的养老保险个人账户中**已无余额，养老保险仍将继续按政策每月支付养老金，一分都不能少。**

账户里的钱用完就没了，还能多给一分不成？

第五局
假设,钱还在人没了呢?

参保人员因病或非因工死亡的,死亡时个人账户有余额的可继承。另外,其法定继承人或指定受益人可到参保地社保局申报办理领取相关丧抚待遇。

账户余额同样可以依法继承。但是,没有任何丧葬救济待遇。

经过5轮对比,社保养老PK储蓄理财养老哪个更好,相信机智的您一定不会选错。

第 5 期

个人身份能参加职工养老保险吗？
小伙伴，这份须知请收好！

小伙伴，如果您没有固定单位，但又希望晚年生活有更好的保障，那么以个人身份参加职工养老保险就非常重要了，下面的内容您可千万记好啦！

多大年龄可以个人身份参保呢？

一般情况下，16周岁以上，没有达到法定退休年龄就可以哦。

还有一种**特殊情况**,当您达到退休年龄,但累计缴费不足15年时,您可以个人身份参加养老保险,延长缴费至15年。

缴费

如果您是《中华人民共和国社会保险法》(以下简称《社会保险法》)实施之前(即2011年7月1日之前)参加的养老保险,当您达到法定退休年龄但累计缴费不足15年时,您可继续延长缴费。

延长缴费5年后,如果还不足15年,您可以一次性缴齐剩余保费,然后您就可以领取养老金啦。

第 5 期　个人身份能参加职工养老保险吗？小伙伴，这份须知请收好！

举个例子

王阿姨

2005 年 6 月 1 日　●　首次参保

(《社会保险法》实施前参保)

2019 年

当她达到法定退休年龄时

已累计缴费 14 年

那么她只需

延长缴费 1 年

就可以领取养老金啦

图说养老保险

2011年3月1日 ● 首次参保
（《社会保险法》
实施前参保）

2019年
她达到法定年龄退休时
已累计缴费8年

那么她需
**先延长缴费5年
然后一次性将剩下的2年
保费缴齐**
就可以领取养老金啦

> 张阿姨

第 5 期　个人身份能参加职工养老保险吗？小伙伴，这份须知请收好！

2012 年 8 月 1 日　首次参保
（《社会保险法》实施后参保）

2019 年
他达到法定年龄退休时
已累计缴费 7 年

那么他需
延长缴费 8 年
就可以享受养老金啦

老杨

我是快递小哥,我可以个人身份参保吗?

当然可以啦。

划重点!即使您不是全天上班,也可以参保,比如您是……

单打独斗的**老板**　　时尚时尚最时尚的**网络主播**
勤劳致富的**外卖小哥**　捍卫正义的**律师**
修理自行车的**大神**　　拥有天籁歌声的**歌手**
才高八斗的**作家**　　　生活及时雨的**保洁姐姐**
颜值超高的**模特**　　　将方便带回家的**滴滴司机等**

有一定缴费能力的小伙伴都可**以灵活就业人员身份**参加职工养老保险哦。

第 6 期

灵活就业人员参保攻略来啦！快收好！

上期给大家卖了个关子。现在重点来了：**灵活就业人员参保很简单，2 步即可！**

好棒

拿上您本人的身份证（居住证）或社保卡等相关资料到当地社保经办机构办理参保手续。

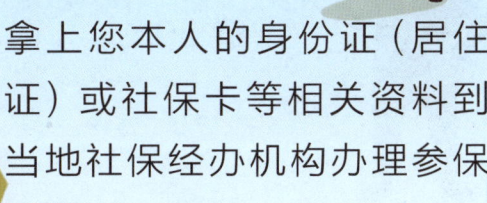

① 申请

参保后，按您的意愿选择参保档次进行缴费。

② 交钱

灵活就业人员缴费基数在当地上年度全口径城镇单位就业人员平均工资的60%~300%之间选择缴费档次。

缴费比例：选定的缴费基数的20%。

灵活就业人员养老保险费交多少钱？

第 6 期　灵活就业人员参保攻略来啦！快收好！

按规定参加职工养老保险累计缴费年限（含实际缴费年限和视同缴费年限）满 15 年及以上且达到法定退休年龄的，即可领取养老金。

灵活就业人员怎么才能领取养老金呢？

灵活就业人员退休后可以领取多少养老金？

养老金的计发遵循"多缴多得、长缴多得"原则，缴得越久、缴得越多，最后拿到手的养老金就越多。而且养老金还会建立增长机制，随着社会工资和物价水平增长哦。小伙伴，赶紧参保吧！

第 7 期

社保缴费基数怎么定？
这期给您说清楚！

> 我是刚入职的人事小白，请问怎么给职工缴基本养老保险费呢？

> 您交工资单，我们帮您算。

用人单位应当按照国家规定的本单位职工工资总额的比例缴基本养老保险费。

职工本人应当按照国家规定的本人上年度月平均工资的比例缴基本养老保险费。

请您如实申报本单位所有员工的工资,我们将为您核定基本养老保险缴费基数。员工本人所需缴纳的那部分养老保险费,员工本人不用自行前往缴费,由单位帮员工代扣代缴。

第 7 期　社保缴费基数怎么定？这期给您说清楚！

如果

职工本人上年度月平均工资

低于
统筹地区全口径城镇单位就业人员平均工资
60% 的
按 60% 计算缴费基数

超过
统筹地区全口径城镇单位就业人员平均工资
300% 的
按 300% 计算缴费基数

举个例子

如果上年度统筹地区全口径城镇单位就业人员平均工资为 5 000 元,那么核定养老保险个人缴费基数的上、下限分别为 15 000 元、3 000 元。

上年度月平均工资 4 000 元,处于上下限之间,则以 4 000 元作为缴费基数。

王先生

第 7 期　社保缴费基数怎么定？这期给您说清楚！

上年度月平均工资 2 000 元，低于下限，则以下限 3 000 元作为缴费基数。

李女士

上年度月平均工资 20 000 元，高于上限，则以上限 15 000 元作为缴费基数。

刘女士

第 8 期

养老保险单位缴费比例下调那些事,您得知道!

嘿嘿嘿

对面的老板

看过来,看过来,看过来

这里的**减税降费政策**很精彩,

尤其是养老保险单位缴费比例

要**下调**啦!

第 8 期 养老保险单位缴费比例下调那些事,您得知道!

降就降
有啥可激动的呢?

哇哦,降是好事呀!

降多少

图说养老保险

养老保险单位缴费比例调整：自2019年5月1日起，现行养老保险单位缴费比例高于16%的省份已将企业和机关事业单位养老保险单位缴费比例统一降至16%，低于16%的省份将逐步过渡至16%。

第 9 期

单位不给我缴养老保险费怎么办?
我失业啦,今后养老保险怎么办?
我来给您支个招!

单位不给我缴养老保险费怎么办?我失业啦,今后养老保险怎么办?同单位达成协议不缴养老保险费,行不行?这些事,我们给您讲清楚!

单位不给我缴养老保险费,怎么办?

为什么不给我缴养老保险?

工作人员:
用人单位如果没有为您缴养老保险费,您可以向社会保险行政部门或者社会保险费征收机构反映情况,他们会依法处理。

我失业啦,今后我的养老保险咋办?

我的养老保险怎么办?

工作人员:

您失业后,最重要的是,希望您尽快找到新工作。在找到新工作之前,您可以以灵活就业人员身份参加职工基本养老保险,也可以选择参加城乡居民养老保险。

第9期　单位不给我缴养老保险费怎么办？我失业啦，今后养老保险怎么办？我来给您支个招！

同单位达成协议不缴养老保险费，行不行？

我的养老保险不用给我缴了。

工作人员：

职工与单位达成协议不缴养老保险费的行为是违法行为，该协议是无效的。此行为将使职工本人的社会保险权益受到侵害，用人单位也将承担相应的法律后果。

第 10 期

养老金待遇资格认证更方便啦，您知道吗？

今年要不要去社保局进行养老保险待遇资格认证？

我儿子就在社保局工作，让他给大家讲讲怎么样？

好啊！
好啊！

第 10 期　养老金待遇资格认证更方便啦，您知道吗?

各位叔叔阿姨好，我来跟大家先讲一讲什么是认证。

每个月，全国有两亿多的老人要领取养老金，这可是一大笔钱。

进行认证是为了避免有人冒领多领了属于大家的养老金。

现在认证更方便了，已经全面取消集中认证，大家不用再定期跑到社保局窗口去认证啦。

不用去社保局窗口认证,那现在怎么认证呢?

社保局首先会用数据比对的方式,比如您出去旅游,坐过飞机或者高铁,去医院看过病,来确认您的领取资格。

第 10 期　养老金待遇资格认证更方便啦，您知道吗？

呦，你们社保局厉害了，什么都知道，那会不会泄露我的隐私啊？

大爷，您尽管放心，这些数据都是由政府相关部门专门进行管理的，为了方便大家，跟社保局进行了数据共享，您的信息会严格保密。

我们社保局呀，也只是知道您坐过飞机或者高铁，并不知道您具体坐了哪趟，所以也不可能泄露您的隐私。

小李,要是我以后去外地居住,是不是还得回来认证呀?

您就是在外地居住,我们一样能用数据比对的方式来确认您的资格。另外,您还可以通过登录咱们国家社会保险公共服务平台门户网站、使用官方手机App进行人脸识别视频认证。您只要按照操作提示,对着手机或者电脑屏幕做几个动作,不用出门就能通过认证了,不用来回跑。

还有,大家平时参加的社保机构组织的健康体检、文体活动,也能确认大家的领取资格。

第 10 期　养老金待遇资格认证更方便啦，您知道吗？

小李，我大哥年纪大了，腿脚不方便，你看他这种平时不太出门又不会使用手机、计算机的老人可咋办啊？

您可以向社保局申请，我们会上门进行认证服务，您就放心吧。大家还有什么问题吗？

嗯，这下我们听明白啦。

此情此景我想吟诗一首,
数据比对无声息,
人脸识别更先进,
服务到家很温暖,
人社工作最贴心!
给你们点赞!

最后告诉大家:

1. 需不需要认证?

   需要!取消的是集中认证。

2. 改变在哪儿?

   以前:需要进行集中认证。

   现在:尽可能让群众不用跑就完成认证工作(数据对比,官网、官方 App 人脸识别,利用社会化服务开展认证,等等)。

不少老人担心认证方式改变后，会不会给一些有心骗取养老金的人留下漏洞，在此明确地告诉大家：请放心，我们用4招来保护基金安全。

第一招：加强社保欺诈入刑宣传，提高大家的法律意识。

第二招：强化事中事后监管运用技术手段，防范欺诈骗保行为。

第三招：加大打击力度，依法惩处欺诈冒领行为，莫伸手、伸手必被捉。

第四招：对社会保险严重失信企业及人员实施联合惩戒，让失信人员处处受限，如不能坐飞机、高铁等。

第 11 期

骗保后果很严重！

听说邻居小王冒领他爸的养老金被抓了。

啊，他爸不是早去世了吗？

他怎么这么糊涂！

是呀，他爸去世后，他一直瞒着社保局，还提供假材料继续冒领养老金。算下来 10 多万元呢！

第 11 期 骗保后果很严重！

对啊，听说社保局调查期间，他还隐瞒，继续提交假材料。人家多次上门做工作，但他就是不退。后来社保局报了案，公安把他抓了，可能还要判刑呢！

唉，他胆子真大，竟敢骗养老金！

骗保有哪些处罚？

《社会保险法》第八十八条规定：
以欺诈、伪造证明材料或者其他手段骗取社会保险待遇的，由社会保险行政部门责令退回骗取的社会保险金，处骗取金额二倍以上五倍以下的罚款。

  骗取金额 2～5倍

全国人民代表大会常务委员会关于《刑法》第二百六十六条的解释：以欺诈、伪造证明材料或者其他手段骗取养老、医疗、工伤、失业、生育等社会保险金或者其他社会保障待遇的，属于刑法第二百六十六条规定的诈骗公私财物的行为。

第 11 期　骗保后果很严重！

《中华人民共和国刑法》第二百六十六条规定：

诈骗公私财物，数额较大的，处三年以下有期徒刑、拘役或者管制，并处或者单处罚金；

数额巨大或者有其他严重情节的，处三年以上十年以下有期徒刑，并处罚金；

数额特别巨大或者有其他特别严重情节的，处十年以上有期徒刑或者无期徒刑，并处罚金或者没收财产。本法另有规定的，依照规定。

数额较大

（3 年以下有期徒刑）

数额巨大

（3 年以上 10 年以下有期徒刑）

数额特别巨大

（10 年以上有期徒刑或无期徒刑）

《最高人民法院、最高人民检察院关于办理诈骗刑事案件具体应用法律若干问题的解释》第一条规定：诈骗公私财物价值三千元至一万元以上、三万元至十万元以上、五十万元以上的，应当分别认定为刑法第二百六十六条规定的"数额较大""数额巨大""数额特别巨大"。

特别提示：

一、故意冒领死亡人员养老金是欺诈行为，如果家属去世，请您尽快告知社保局，并主动退回多领的养老金。

二、您可以当面、电话、信函、电子邮件及其他书面方式向社保局举报骗取养老金的不法行为！我们将按照规定为您保密。

第 12 期

五种方式方便您查询社会保险缴费情况!

您想查查自己每月缴了多少养老保险费吗?您想知道已经缴了多长时间吗?这些信息社保经办机构都给您记好啦,以下 5 种查询方式都能方便查询到。

1 到参保地的社保经办窗口查询

您到社保局（中心）窗口查询时，请您携带本人的有效身份证件。如果您不方便前往，委托他人进行查询时，您需提供您本人和被委托人的有效身份证件。

2 通过自助终端机查询

您可以拿上社保卡到离您最近的社保局（中心）布设的社保自助查询机进行查询，这样您就不用在窗口排队啦。

第 12 期　五种方式方便您查询社会保险缴费情况！

3　通过网络查询

您可以通过国家社会保险公共服务平台（网址：http://si.12333.gov.cn），也可以登录所在省份社会保险网上服务平台进行查询。

提醒：您首次登录社会保险网上服务平台查询时，要先注册哦。

4　通过电话查询

您也可以拨打"12333"热线服务电话，按照语音提示进行查询。

5 通过手机 App 查询

目前，部分地区的人社部门已开发了官方软件，您可用手机登录这些软件进行查询。

如掌上 12333。

无论您采取哪种方式查询，都是免费的。千万别用非官方途径查询呦，到时候上当受骗多不值啊！

防骗小妙招：

1. 请您一定认准人社部门官方网站，认清 gov.cn 结尾的网站域名，对仿冒网站说"不"。

2. 请您一定使用官方 App 或官方授权 App。如果您使用非官方授权的 App，有可能造成您的个人信息泄露，还可能上当受骗。

3. 请您一定好好保管社保卡，不要外借他人，丢了要立即挂失并尽快补办，还有非常重要的一点，个人密码也不能轻易告诉他人。

第 13 期

您会算退休之后拿多少养老金吗？这期教给您！（一）

以下是企业职工养老保险计算公式：

基础养老金

当地上年度在岗职工月平均工资 ×（1 + 本人平均缴费工资指数）÷ 2 × 缴费年限 × 1%

本人平均缴费工资指数

（本人第 1 年缴费工资 / 上年职工平均工资 + … + 本人第 n 年缴费工资 / 第 n − 1 年职工平均工资）÷ 实际缴费年限

个人账户养老金

退休时个人账户累计储存额（含利息）÷ 本人退休年龄相对应的计发月数

头大，看不懂！

没关系，我用最简单的例子来讲讲企业职工的养老金怎么算。

第 13 期　您会算退休之后拿多少养老金吗？这期教给您！（一）

贺先生　2000 年 **首次**参加工作

| 企业工作 | 按当地上年度社会平均工资（后文简称社平工资）缴费 **没有中断** | 累计缴费 35 年 8 个月 |

退休时上一年当地社平工资是每月 20 000 元

2035 年 60 岁当地退休

我能领多少养老金呢？

他的养老金由两部分组成

基础养老金　　个人账户养老金

基础养老金

贺先生每个月一直按照当地上年度社平工资水平缴费

一生的缴费水平和当地社会平均水平相当

基础养老金主要受累计的缴费时间长短的影响

▼

累计缴费时间
一共是（35×12+8）=428 个月
也就是 35.67 年

第13期 您会算退休之后拿多少养老金吗？这期教给您！（一）

基础养老金
▼
7 134 元

＝

当地上一年的月社平工资 × 35.67%

20 000 元 × **35.67%**

假如小贺累计缴费25年整，则他的基础养老金为当地上一年的月社平工资×25%；假如小贺累计缴费30年整，则他的基础养老金为当地上一年的月社平工资×30%。

现在您是不是发现规律啦，

累计缴费时间越长，基础养老金越多哦！

个人账户养老金

贺先生

每个月
个人缴的养老保险费

都计入了

他的个人账户
并且计算利息

到他退休时
个人账户累计储存额（含利息）
÷
本人退休年龄相对应的计发月数

第13期 您会算退休之后拿多少养老金吗？这期教给您！（一）

贺先生
- 50岁对应的计发月数是195
- 55岁对应的计发月数是170
- 60岁对应的计发月数是139

贺先生60岁退休，对应的计发月数是139，并不是只发139个月的意思哦。假设他个人账户累计总金额为80万元，则他的个人账户养老金为

800 000÷139=5 755(元)

年龄越大，计发月数越小，相应的个人账户养老金就越多哦。

缴费时间越长，个人账户累计总金额越多，个人账户养老金越多；

缴费水平越高，个人账户累计总金额越多，个人账户养老金越多；

退休时间越晚，对应计发月数越小，个人账户养老金越多。

急死我了，快说啊！

讲了这么多，退休后贺先生第一年每月到手的养老金是多少呢？

基础养老金＋个人账户养老金
7 134+5 755=12 889（元）

第 14 期

您会算退休之后拿多少养老金吗?
这期教给您!(二)

先来考考您,养老金分为几部分,还记得不?

这难不倒我,一般情况下,基本养老金分为 **基础养老金和个人账户养老金**。

给您点赞,大家都记住了吗?

上一期谈到贺先生一直按上年社会平均工资(后文简称社平工资)缴费的话,他的基础养老金怎么算。但实际上我们每个人的工资有高有低,不会一直按照社平工资缴费,那基础养老金该怎么算呢?

图说养老保险

社保缴费记录单

年份	缴费基数（元/月）	社平工资（元/月）	指数
2000年1月	2 000	2 500	**0.8**
2004年3月	3 000	3 000	**1**
2009年6月	3 200	4 000	**0.8**
2015年8月	5 500	5 000	**1.1**
……	……	……	……
……	……	……	……
2034年12月	60 000	20 000	**3**

累计缴费35年的指数平均值为1.81

我们把贺先生退休前所有的月的指数进行平均,就得到了贺先生的月平均缴费指数,即1.81,这个指数反映了贺先生一生的缴费水平。

第 14 期　您会算退休之后拿多少养老金吗？这期教给您！（二）

那月平均缴费指数和基础养老金是什么关系呢？

月平均缴费指数越高，就代表缴费水平越高。缴费水平越高，基础养老金就越高。

除月平均缴费指数之外，还有其他因素影响基础养老金吗？

图说养老保险

还有，企业职工养老保险是国家法定的社会保障制度，有共济性。
所以咱们还得考虑社会平均情况，也就是社平工资。

那基础养老金到底怎么算呢？

首先呢，我们把贺先生的月平均缴费指数×社平工资，称为贺先生的月平均缴费工资；
然后，把贺先生的月平均缴费工资和社平工资再平均一下。
最后，再乘以贺先生的缴费年限对应的百分比，就是他的基础养老金啦。
假设贺先生退休时当地上年度月社平工资为2万元，贺先生退休时的基础养老金就是（20 000×1.81+20 000）÷2×35%=9 835元

这我就明白啦,贺先生的缴费基数越高,他的月平均缴费指数就越高,也就意味着他的基础养老金越高。

另外,他累计缴费每增加一年(12个月),缴费年限对应的百分比就增加 1 个百分点,也就意味着他的基础养老金越高。
您看我说的对不?

点赞,完全正确。
概括一下就是多缴多得,长缴多得!
还有其他问题吗?

图说养老保险

没有啦,谢谢哦,给大家答疑解惑。

小张,你们这几次都是用年轻人来举例,那像我这种快退休的中年人也是这么算吗?

下次可以专门给我们这些中年人来讲讲不?

没问题,咱们下回见。

第 15 期

您会算退休之后拿多少养老金吗？这期教给您！（三）

好嘞！我今天专门为**中年朋友**介绍一下**企业职工养老金**的计算办法。

小张，我大概还有 5 年退休，退休时的养老金计算方法和贺先生是一样的吗？

一般来说，养老金分为**基础养老金和个人账户养老金**，但是您的情况不同，您还有第三部分过渡性养老金。

过渡性养老金是什么意思呢?

改革 在实施企业职工养老保险改革后（各省改革时间不完全一致），新参保人员的养老金由基础养老金和个人账户养老金组成。

但是，还有很多人和您一样在改革前已经参加了工作，个人账户养老金没能充分体现你们这部分人的劳动贡献情况。

为了实现养老保险待遇的平稳过渡，专门设立了过渡性养老金。

那过渡性养老金怎么算

过渡性养老金由各省人民政府根据当地情况制定具体办法，所以全国的过渡性养老金计算方法也不完全一样。

如果您想知道自己退休后能领多少养老金，请使用我们的神器：点击 http://si.12333.gov.cn。

为了方便大家理解，我们给您举例来说。请问您是哪一年、在哪儿参加工作的？

我是18岁高中毕业后，1982年10月在咱们这个城市的一个国有企业参加工作的，到现在已经37年啦。现在能计算我的过渡性养老金了吗？

您先别急,在计算之前,我先告诉您哪些因素会影响您的过渡性养老金。

第一,要考虑建立个人账户之前的工作时间。

拿您来说,咱们市 1992 年 10 月实施企业职工养老保险个人缴费制度,您也是在这个时间开始缴费的,**您的视同缴费年限就是 10 年。**

具体到每个人的视同缴费年限是多少,可咨询当地的社保局。

第二，要考虑缴费水平。

也就是看您的月平均缴费指数，我们查到您的月缴费指数是 1.5（具体计算方法见上期）。

第三，要考虑地区间的差异。

由于我国经济社会发展水平不平衡，各地区设置了不同的过渡系数，总的要求是在 1%~1.4% 之间。我们市的过渡系数为 1%。

> 那我的过渡性养老金是多少呢?

首先,假设5年后您退休时对应的上年度本市社平工资为1万元。将您的月平均缴费指数×社平工资,即 1.5×10 000=15 000 元,称为您的月平均缴费工资。然后,把您的月平均缴费工资、过渡系数、视同缴费年限相乘就得到了您的过渡性养老金,也就是 15 000×1%×10=1 500 元。

> 这下我明白了,等我退休的时候,除了基础养老金、个人账户养老金,还会领到 1 500 元的过渡性养老金呢。

另外，我再跟您分享一个好消息。咱们企业职工养老保险退休待遇已经连续 15 年上涨啦，**今年人均调整 5% 左右，全国有 1.18 亿名退休人员受益。**

对对，我之前也听退休的老同志说他们的养老金已经连续涨了好多年啦，退休人员也能共享发展改革的成果，我们赶上好时候啦！

第 16 期

企业职工养老保险中断了咋办？

如果一段时间没有缴费，养老保险关系中断了，那之前缴的养老保险是不是就白缴了？

请放心，养老保险关系中断不会影响已经获得的养老保险权益，我们会为您准确记录个人账户储存额，并且连续计算利息，您缴的养老保险不会白缴哦。

第 16 期　企业职工养老保险中断了咋办？

那么养老保险关系中断了，对我未来领养老金有影响吗？

会影响您退休时领养老金的。具体来说，咱们的养老保险是**"多缴多得，长缴多得"**，中断的时间越长，缴费的时间就越短，缴的钱也就越少，基础养老金和个人账户养老金都会减少，**所以大家还是尽量不要中断。**

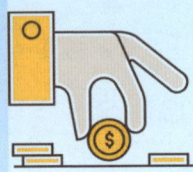

还有一点重要提醒：

退休领养老金的条件中有一条是累计缴费满15年（180个月），如果长时间中断，到退休时累计缴费时间不足15年，那就要按照规定延长缴费至15年，那您领养老金的时间就会比同龄人迟哦！

另外，部分省份和地区，养老保险关系中断还与您的其他权益相关，可能会影响您购房、购车、积分落户等。

那我打算换工作或准备到其他城市生活，这期间养老保险关系中断的话，该怎么办呢？

第 16 期　企业职工养老保险中断了咋办?

我来给您支两招：

如果您打算休息一段时间再工作，又不想中断养老保险，可在户籍地以灵活就业人员身份参加职工养老保险。

如果您又找到新工作，请您及时督促新工作单位为您参保缴费。

第 17 期
一次说清城乡居民养老保险怎么转移!

您好,我是来自 A 县刘家村的刘国庆。

前段时间我侄女从刘家村嫁到了同县的李家村,要把户口迁过去,她让我打电话问问,她的城乡居民养老保险关系用不用转?

请您告诉她,这种情况不用转。虽然她的户口迁到了李家村,但仍在本县,所以不用转移城乡居民养老保险关系,您可以让她跟村社保协办员说一下户籍地址换了的事,方便以后有事联系她。

第 17 期　一次说清城乡居民养老保险怎么转移！

前段时间我儿子在B县买了房，要把我们老两口接过去住，户口也迁过去，可是我已经领养老金了，还需要转移吗？我的养老金会受影响吗？

您呀也不用转。

只要已经领取了城乡居民养老保险待遇，无论户口迁不迁，养老保险关系都不变，养老金您现在怎么领，以后还怎么领，不受任何影响。

我媳妇今年58岁,每年缴费,这要把户口迁到B县,她的城乡居民养老保险要转吗?

您媳妇这种情况需要把城乡居民养老保险关系转移至B县。

那会影响她领养老金吗?

不会,这点请您放心,您媳妇的养老保险关系转入B县后,她的个人账户全部储存额也会一次性转移至B县,缴费年限也是累计计算的,所以不会影响她领取待遇!

第 17 期　一次说清城乡居民养老保险怎么转移！

那我媳妇该怎么办转移呢？

只要提出转入申请就行啦。
联系一下 B 县负责您儿子家那片的村（居）社保协办员，或者到当地的乡镇（街道）事务所、B 县社保局也行，哪儿离您近就到哪儿，过去之后填写下表就行。

去的时候一定要记得带着
社保卡和新换的户口簿呀！

这么简单就行了？不需要再去找 A 县了吗？

不需要。

提出转入申请后，您只需等待 B 县社保局通知办理的结果就行啦，不用两地来回跑。

好的，我明白啦，谢谢你，再见。

很高兴为您服务，再见。

第 18 期

企业职工养老保险关系跨省转移接续怎么弄？社保机构帮您办！

我儿子大学毕业后在外省工作5年，他准备回来工作，正发愁在外省交的养老保险会不会白缴呢？

没事，您儿子可以办理企业职工养老保险关系转移接续。不论在哪儿工作，养老保险接着算，不会影响他之前的养老保险权益！

那转移接续复杂吗?

还是有点复杂的。
但我们本着"把麻烦留给社保机构，把方便留给群众"的原则，参保人只需在新参保地提出转入申请，其他工作就由两地社保机构进行沟通、办理，参保人基本不用跑。

第18期　企业职工养老保险关系跨省转移接续怎么弄？社保机构帮您办！

那我儿子具体该怎么做呢？

简单说，职工养老保险转移分2步。

第一步　**向新参保地提出转入申请。**新单位到咱们社保局提出转移申请就行了。

第二步　**等社保局办结。**转移接续办理过程中两地社保机构之间需要一定的时间对接、审核一些信息，还需要办理基金划转，所以请您耐心等待，社保局会第一时间通知您办理结果。

友情提醒　社保局办理转移接续对单位和个人都是免费的！如果您是以个人身份参加企业职工养老保险，您可自己到新参保地社保局提出转移申请。

好的,我记住了,**一是提出申请,二是等通知。**有没有什么途径能查查办理的进度呢?

我们在 http://si.12333.gov.cn 上开通了转移接续进度查询功能,注册后,登录就可以查询转移接续进度哦。除了查询进度,还能查询参保缴费情况和预估养老金,功能可全呢!

谢谢你,我现在就让儿子跟新单位联系,抓紧时间办。

大妈,再有什么疑问给我打电话,或者拨打 12333 就行。

第 19 期

曾在不同省份工作过，将来在哪儿领取养老金？下面给大家说清楚！

今天我特别为大家准备了一张跨省流动工作人员退休省份速查图，请看。

跨省工作人员退休省份速查图

第一步
先看退休时，本人是否正在户籍地所在省参保缴费

① 是，在户籍地所在省领养老金

否，进行第二步查询是否有缴费满 10 年的省

② 有，在最后一个满 10 年的省领养老金

③ 无，在户籍地所在省领养老金

以上所有情况仅适用于企业职工养老保险的一般账户，不包含临时缴费账户。

图说养老保险

棒棒哒，我明白啦，你可以出题考考我，看看我是不是学会啦？

好的。

李叔毕业后在浙江工作参保缴费 9 年

目前在户籍地江苏工作并参保

之后又去上海工作参保缴费 12 年

他下个月退休，在哪儿领养老金呢？

第19期 曾在不同省份工作过,将来在哪儿领取养老金?下面给大家说清楚!

这是第一种,属于到法定退休年龄时,正在户籍省参保缴费的情况,直接在户籍所在省江苏退休领养老金就行。

完全正确。

杨阿姨先在老家山东工作并参保缴费 11 年

之后随儿子去安徽工作参保缴费 10 年

然后又去河南工作

到退休年龄时已在那参保缴费 6 年,她在哪儿领养老金呢?

这可难不住我，这是第二种，属于到退休年龄时，不在户籍省参保缴费，且有缴费满10年的省的情况，在最后一个参保缴费满10年的省安徽领取待遇。

对啦！

刘大爷户籍在山西，在山西参保缴费一年后，就去河北、河南、湖南、湖北、江西、广东打工了，可是没有一个省参保缴费满10年，他在哪儿领养老金呢？

是第三种，属于退休时，不在户籍省参保缴费，且每个省累计缴费均不满 10 年的情况，在户籍所在省山西退休领养老金。

真棒！大家都知道了吗？
如果没记住，赶紧把速查图存下来对着看哦。另外还要提醒大家，以上情况均只适用于企业职工养老保险一般账户，不适用于临时缴费账户哦。

那什么是临时缴费账户呢?

男性年满50岁,女性年满40岁,在不是本人户籍所在省份首次参保时,新参保地将为他们建立临时基本养老保险缴费账户,简称临时账户。

如果我只有临时账户呢,在哪儿退休领养老金呢?

如果只有临时账户,只要达到了退休领待遇的条件,由户籍地负责统一归集,在户籍地退休领待遇。

第19期 曾在不同省份工作过,将来在哪儿领取养老金?下面给大家说清楚!

如果我有好几个临时账户怎么办呢?

无论您在哪里干,养老保险都会接着算,无论您有几个临时账户,达到退休领取待遇条件时,都会一并归集。

还有其他问题吗?如果您对自己的退休待遇地确定仍有疑问,可拨打当地社保局的电话进行咨询哦。

没有啦,谢谢。

第 20 期

人生自古谁不老,居保助您来养老!
(一)

孟叔好,多年不见,挺好吧。

我都挺好的。唉,就是有件事心里总觉得没着落。

孟叔,您讲讲,是啥事儿呀?

我这些年一直在外打零工,现在年纪大了,担心老了没保障,这可怎么办。

孟叔,别担心,
您可以参加城乡居民养老保险呀!

第20期 人生自古谁不老，居保助您来养老！（一）

城乡居民养老保险是什么呢？

城乡居民养老保险也是我们国家基本养老保险的一种，主要是面向没有稳定工作的城乡居民建立的。和其他养老保险不同的是，城乡居民养老保险是按年缴费的，并且您每年缴费后，政府还会根据您缴费的多少，给予相应的补贴，和您交的钱一起存入您的城乡居民养老保险个人账户。

我都这么大年纪了，还能参加吗？

孟叔，您放心，国家规定，只要年满16岁，不是在校的学生，没有参加机关事业单位养老保险和企业职工养老保险的居民，都可以在户籍地参加城乡居民养老保险。您符合参保条件，能参保的。

 那什么时候能领养老金呢?

孟叔,只要您年龄到了60周岁,并且缴费满15年,就符合领取城乡居民养老保险待遇的条件啦。

 这个居保在哪里办理呢?

特别简单,在您户籍地办就行。

 噢,你能具体跟我说说吗?

好呀,您只需带上身份证和户口簿,找户籍所在地的村(居)协办员、到乡镇(街道)事务所或县社保局现场办理。哪儿离您近就去哪儿。

还有,国家正在大力推进居保业务通过网页、手机 App 办理,许多地方已经开通啦。如果您不在户籍地的话,可以电话咨询户籍地社保局如何网上办。

好的,我明白啦,那我现在就回家拿身份证和户口簿,赶紧参保缴费去,到时候就能领取养老金啦。
谢谢你呀,小张。

孟叔,不客气,有事您再联系我。

第 21 期

人生自古谁不老，居保助您来养老！
（二）

小张呀，我想去办城乡居民养老保险，跟你打听下缴费的事。

孟叔，没问题。

社保局

上回你说居保按年缴费，那每年我缴多少钱啊？

城乡居民养老保险是每年按档次缴费，您可以根据自己的经济情况选择适合自己的缴费档次。

第 21 期　人生自古谁不老，居保助您来养老！（二）

那都有哪些档次呀？

从 100~3 000 元不等，各地情况不一样，都是根据当地的实际情况设置的，常见有一年 500 元、一年 1 000 元等。

最低一年才缴 100 元，是不是太少了？

随着咱们国家经济快速发展，大家生活也越来越好，收入越来越多，好多地方根据实际情况调整了最低缴费档次，同时为贫困人员保留了最低 100 元的缴费档次。

自愿选择真不错。那这缴多缴少有啥差别呢？

差别就是您缴费越多，政府补贴也越多，您个人账户累计的钱就越多，将来领的待遇就越高。

 那补贴多少呀?

举个例子,如果选最低档 100 元/年的话,只要每年按规定缴费,政府最少补贴 30 元。如果您一年缴 500 元以上,补贴不低于 60 元呢!具体补多少由省(区、市)人民政府确定,这只是最低标准哦。补贴的钱直接存入您的城乡居民养老保险个人账户。

 我现在手头有点紧,今年先按 500 元的档次缴,明年要是想改成高一点的档次缴,行不?

放心,在您每年缴费之前,都可以变更您的缴费档次。

第 21 期 人生自古谁不老,居保助您来养老!(二)

还有啊,我听刘大哥说,他没缴费也领上居保待遇啦,咋回事儿?

咱这城乡居民养老保险试点是从 2009 年开始的,当时刘大爷已经 68 岁啦,像他这样<u>试点时已经超过 60 周岁的老人</u>,不用缴费直接就能享受待遇的。

要是试点时不知道,后来知道该咋办呀?

请放心,试点时已满 60 周岁,未享受过其他基本养老保险待遇的老人只要申领就可以开始领待遇啦。

小张啊,上次你说要缴15年才能领待遇,我已经58岁啦,是要缴到73岁才能领待遇吗?

不用啊,试点开始的时您48岁,离60周岁不足15年,从现在开始,正常缴费2年,60周岁前补上48岁到58岁应缴的保费,到您60周岁就能领待遇啦。如果您想领更高的待遇,那就在再多补3年,凑足15年。

友情提示:试点时距离60周岁不足15年的累计缴费时间(含补缴)不得超过15年。

您有事随时跟我联系,再见,孟叔。

好,那我就放心啦。我这就去办!谢谢你,再见。

第 22 期

人生自古谁不老，居保助您来养老！
（三）

我想问问参加城乡居民养老保险，以后能领多少钱呢?

社保协办员小张

您请坐，咱们居保待遇包含两部分：基础养老金和个人账户养老金。

基础养老金是啥？

基础养老金是中央和地方政府直接支付的。中央确定的城乡居民养老保险基础养老金最低标准，目前是每人每月88元。各地还会根据当地经济发展水平加发一些。全国大部分省份还建立了年限养老金制度，对缴费超过15年的，每月还加发一部分。

基础养老金我听明白了，那个人账户养老金是咋算的呢？

个人账户养老金就是用您个人账户里全部储存的钱除以139。139是60周岁退休领待遇对应的计发月数，并不是只发139个月的意思哦。

第22期 人生自古谁不老,居保助您来养老!(三)

个人账户里的钱从哪儿来的?

主要是您每年自己缴费、政府给您的缴费补贴,有的还有集体补助,都会记入您的个人账户。个人账户里的钱加上利息,就是您的个人账户储存的钱。

那个人账户里的钱发完了怎么办?

您放心,国家还会继续给您发,一分也不会少的!

那我每年缴500元,缴25年,到60周岁能领多少钱呀?

我先按咱们现在的标准给您算一算,目前咱们当地的基础养老金标准是118元/月,缴费超过15年,您的年限养老金是30元,基础养老金部分一共是每月148元。

个人账户养老金呢?

您25年自己一共缴了12 500元,政府每年补贴60元,25年补贴1 500元,再加上利息,大概15 816元,除以139,个人账户养老金大约是每月114元。

我的居保待遇就是两部分加起来,也就是每月262元,对不?

对,一年您能领3 144元。居保多缴多得,长缴多得,随着咱们当地经济发展,政府也会投入更多的钱到城乡居民养老保险中,到时候大家的居保待遇也会相应提升。另外啊,咱们对老年居民有倾斜要是等您过了65岁,每月还会给您加发5元。

第 23 期

快来看！多地调整城乡居民养老保险缴费档次，多缴多得，长缴多得！

多地调整城乡居民养老保险缴费档次，确保多缴多得、长缴多得。

这是啥情况？我得给村里的社保协办员小张打电话问问。

小张呀，我是桃源村的刘青山，有个关于居保的事想问问你呀。

铃铃

第 23 期　快来看！多地调整城乡居民养老保险缴费档次，多缴多得，长缴多得！

刘大哥，没问题，您说吧。

电视里说许多地方城乡居民养老保险缴费档次调整了，这是啥意思？

刘大哥，咱们居保是一年缴一回的，缴费分为不同的档次，从几百元到上千元不等，大家每年可以根据自己的经济状况自愿选择缴哪个档次，各地也会根据经济发展情况适当调整缴费档次，为大家提供更多的选择。

小张呀,那这个缴费档次调整对我有啥好处不?

刘大哥,您也知道,咱们居保的待遇包含两部分:基础养老金和个人账户养老金。

其中,个人账户养老金是根据您个人账户里全部储存的钱来计算的,每年您个人缴的钱全部进入个人账户,您选的缴费档次越高,缴的时间越长,个人账户积累的钱也越多,将来领的养老金相应也越多。

另外,个人账户里还包括政府给您的缴费补贴,有的还有集体补助,缴费档次越高,政府补贴给您的钱也越多,您看划算不?

第 23 期　快来看！多地调整城乡居民养老保险缴费档次，多缴多得，长缴多得！

去年我是按 600 元缴的，今年多交缴行不行？

没问题的，您去年缴 600 元，政府给您补贴 50 元，如果今年您按照 1 000 元缴，政府将给您补贴到 100 元。咱们的养老保险多缴多得，长缴多得，每年缴费前您都可以根据自己的情况自愿选择缴费档次的。

那太好了，多缴多得，长缴多得，档次还能自己选，我得跟乡亲们都讲讲，让大家将来也能多领点养老金，谢谢呀，小张。

不客气，您有事再联系我。

2020年多地调整城乡居民基本养老保险缴费标准

天津

2020年天津市城乡居民养老保险个人缴费档次调整为每年600元、900元、1 200元、1 500元、1 800元、2 400元、3 000元、3 600元、4 200元、4 800元共10个缴费档次。

内蒙古

2020年全区城乡居民民基本养老保险个人缴费档次调整为每年200元、300元、400元、500元、600元、700元、800元、900元、1 000元、3 000元、5 000元、7 000元共12个缴费档次。

浙江

2020年全省城乡居民养老保险个人缴费档次调整为每年100元、300元、500元、800元、1 000元、1 500元、2 000元、3 000元、5 000元9个缴费档次。

第23期 快来看！多地调整城乡居民养老保险缴费档次，多缴多得，长缴多得！

安徽

2020年全省城乡居民基本养老保险个人缴费档次调整为每年200元、300元、400元、500元、600元、700元、800元、900元、1 000元、1 500元、2 000元、3 000元、4 000元、5 000元、6 000元共15个缴费档次。

广东

2020年全省城乡居民基本养老保险个人缴费档次调整为每年180元、240元、360元、600元、900元、1 200元、1 800元、3 600元、4 800元9个缴费档次。

重庆

2020年重庆城乡居民基本养老保险个人缴费档次调整为每年100元、200元、300元、400元、500元、600元、700元、800元、900元、1 000元、1 500元、2 000元、3 000元共13个缴费档次。

西藏

2020年全区城乡居民基本养老保险个人缴费档次调整为每年200元、300元、400元、500元、600元、700元、800元、900元、1 000元、1 500元、2 000元、3 000元、4 000元、5 000元共14个缴费档次。

陕西

2020年全省城乡居民基本养老保险个人缴费档次调整为每年缴费200元、300元、400元、500元、600元、800元、1 000元、1 500元、2 000元、3 000元10个缴费档次。